Alberta D. Jones

SPACE INVADERS INFINITY GENE EVOLVE

SPIELANLEITUNG

Das volle Evolution-Erlebnis freischalten

Kapitel 1: Einführung in Space Invaders Infinity Gene Evolve

1.1 Überblick über das Spiel

Space Invaders Infinity Gene Evolve ist der neueste Teil der legendären **Space Invaders-Franchise**, der exklusiv auf **Apple Arcade** erscheint. Es baut auf der revolutionären Mechanik von **Space Invaders: Infinity Gene (2009) auf** und entwickelt das Gameplay von klassischer 2D-Arcade-Action zu einem dynamisch wechselnden Shooter mit moderner Grafik und Mechanik.

Hauptmerkmale:

- **Evolutionäres Gameplay:** Das Spiel beginnt mit dem traditionellen Gameplay im Stil von Space Invaders, entwickelt sich aber im Laufe der Zeit weiter und führt neue Waffen, Schiffe und 3D-Transformationen ein.
- **Umfangreiche Waffen:** Die Spieler schalten ein Arsenal an Waffen frei, von einfachen Laserschüssen bis hin zu verheerenden Flächenangriffen.
- **Gastschiffe:** Enthält ikonische Schiffe aus **der Shooter-Reihe** von TAITO, darunter **Darius, Night Striker und RayStorm**.
- **Mehrere Spielmodi:** Spiele den **klassischen Modus, den Evolutionsmodus**, das **Überleben** und verschiedene **Herausforderungsmodi**.
- **Dynamisches Feindverhalten:** Außerirdische Invasoren passen sich deinem Spielstil an und machen jeden Spieldurchgang einzigartig.

- **Immersive Grafik und Soundtrack:** Eine faszinierende
  Mischung aus **Retro-Ästhetik und futuristischer
  Neongrafik,** begleitet von einem **elektronischen
  Soundtrack**, der sich mit dem Gameplay weiterentwickelt.

Gameplay-Konzept:

Die Spieler beginnen mit einem einfachen Raumschiff und nehmen
an wellenbasierten Schlachten gegen außerirdische Eindringlinge
teil. Im Laufe des Spiels "entwickelt" sich das Spiel **weiter, indem
es neue Mechaniken, Schiffsfähigkeiten, Feindtypen und 3D-
Weltraumbewegungen** einführt und einen einfachen Arcade-
Shooter in ein Hochgeschwindigkeits-Bullet-Hell-Erlebnis
verwandelt.

Diese Evolutionsmechanik hebt **Space Invaders Infinity Gene
Evolve** von traditionellen Space Invaders-Spielen ab und hält die
Spieler mit kontinuierlichem Fortschritt und zunehmender
Komplexität bei der Stange.

1.2 Entwicklung vom klassischen zum modernen Gameplay

Von der Einfachheit der Spielhalle zur dynamischen Evolution

Das ursprüngliche **Space Invaders (1978)** war ein einfacher, aber
süchtig machender Shooter, in dem die Spieler eine Laserkanone
steuerten, um Wellen von herabstürzenden Außerirdischen zu
zerstören. Im Laufe der Jahrzehnte führten verschiedene
Fortsetzungen und Spin-offs neue Mechaniken ein, aber **Space
Invaders Infinity Gene (2009)** revolutionierte die Serie, indem es

ein dynamisches Evolutionssystem einführte, das das Gameplay im Laufe des Spiels veränderte.

Space Invaders Infinity Gene Evolve baut auf diesem Konzept auf und treibt es mit **moderner 3D-Grafik, adaptivem Gameplay und neuen interaktiven Mechaniken weiter voran**, was es zu einer Mischung aus **klassischer Arcade-Action und futuristischem Shoot-'em-up-Chaos** macht.

Stadien der Evolution

Das Spiel beginnt in einem vertrauten **klassischen Arcade-Modus**, der das ursprüngliche Space **Invaders-Erlebnis nachahmt** . Im Laufe der Spieler entwickelt sich das Spiel jedoch **in mehrfacher Hinsicht** weiter:

1. Gameplay-Entwicklung

- **Klassischer 2D-Shooter:** Das Spiel beginnt in einem traditionellen Stil mit festem Bildschirm, bei dem sich das Schiff des Spielers nach links und rechts bewegt, um ankommende Feinde zu erschießen.
- **Scrollende Ebenen:** Anstatt auf einen einzigen Bildschirm beschränkt zu sein, beginnen die Ebenen, horizontal und vertikal zu scrollen, was die Bewegungsfreiheit erhöht.
- **Bullet Hell-Mechanik:** Die Feuermuster der Feinde werden komplexer und erfordern präzises Ausweichen.
- **3D-Umgebungen:** Spätere Levels führen **vollständige 3D-Bewegungen ein** und verwandeln sich von einem flachen Shooter in ein dynamisches **Weltraumschlacht-Erlebnis**.

2. Evolution des Schiffes

- Die Spieler beginnen mit einem **einfachen laserschießenden Schiff.**

- Im Laufe des Spiels werden neue **Waffen, Schiffe und Power-Ups** verfügbar.
- Gastschiffe von **TAITO-Klassikern wie Darius und RayStorm** führen einzigartige Spielstile ein.
- **Spezialfähigkeiten wie zielsuchende Schüsse, Strahlenangriffe und Schnellfeuerlaser** ermöglichen individuelle Kampfstrategien.

3. Entwicklung des Gegners

- Die frühen Feinde ähneln den **klassischen außerirdischen Invasoren** und bewegen sich in vorhersehbaren Mustern.
- Im Laufe des Spiels entwickeln sie **neue Bewegungsverhaltensweisen, fortschrittliche Angriffsformationen** und **Ausweichmanöver.**
- In Bosskämpfen treten **gigantische, mehrphasige Feinde an,** die Reflexe und Strategie auf die Probe stellen.

Eine Mischung aus Retro und modernem Gaming

Die allmähliche Entwicklung von **klassischer Arcade-Action zu dynamischem High-Speed-Shoot-'em-up-Gameplay** macht **Space Invaders: Infinity Gene Evolve** zu einem fesselnden Erlebnis. Durch die Mischung aus **nostalgischen Elementen** und **modernen Mechaniken** richtet sich das Spiel sowohl an **langjährige Fans als auch an Neueinsteiger** in die Serie.

1.3 Hauptmerkmale und Neuerungen

Space Invaders Infinity Gene Evolve baut auf der Mechanik von **Space Invaders Infinity Gene (2009)** auf und führt **neue Funktionen, moderne Grafik und erweiterte Spielmechaniken**

ein. Das Spiel behält sein **evolutionäres Gameplay-Konzept bei** und verbessert gleichzeitig jeden Aspekt des Erlebnisses.

Hauptmerkmale

1. Evolutionäres Gameplay-System

- Das Spiel **beginnt im klassischen 2D-Stil von Space Invaders,** entwickelt sich aber allmählich zu einem **dynamischen Shoot-'em-up** mit scrollenden Hintergründen und **3D-Bewegungen.**

- Die Spieler schalten im **Laufe ihres Fortschritts** neue Waffen, Fähigkeiten und Spielmechaniken frei.

- Der visuelle Stil entwickelt sich weiter und verwandelt sich von **Retro-Pixel-Art** in **moderne Neongrafiken.**

2. Umfangreiche Schiffs- und Waffenanpassung

- Die Spieler können **verschiedene Schiffe freischalten und steuern,** jedes mit **einzigartigen Fähigkeiten und Waffen.**

- Enthält **Gastschiffe aus klassischen TAITO-Spielen** wie **Darius, Night Striker und RayStorm.**

- **Mehrere Waffen,** darunter **Zielsuchlaser, Streuschüsse, Strahlkanonen und explosive Munition.**

3. Intensive Feindbegegnungen und Bosskämpfe

- Die Feinde **passen sich an und entwickeln sich weiter,** wobei sie **im Laufe des Spiels** neue Formationen und Angriffsmuster verwenden.

- **In den Bosskämpfen gibt es massive, mehrphasige Feinde** mit einzigartigen Mechaniken.

- Neue Gegnertypen, die über die **klassischen Space Invaders-Aliens** hinausgehen.

4. Mehrere Spielmodi für Wiederspielbarkeit

- **Klassischer Modus** – Erlebe das originale Gameplay **im Stil von Space Invaders.**

- **Evolutionsmodus** – Schaltet neue Mechaniken und Schiffsupgrades frei.

- **Überlebensmodus** – Teste dein Durchhaltevermögen gegen endlose Wellen von Feinden.

- **Score Attack Mode** – Kämpfe mit **begrenzten Ressourcen** um Highscores.

- **Spezialevents und Herausforderungen** – Zeitlich begrenzte Events mit einzigartigen Belohnungen.

5. Atemberaubende Grafik und adaptiver Soundtrack

- **Flüssiges 60FPS-Gameplay** für ein flüssiges und immersives Erlebnis.

- Der **Kunststil entwickelt sich weiter,** von **minimalistischen Retro-Grafiken bis hin zu futuristischen 3D-Designs.**

- Ein **dynamischer elektronischer Soundtrack,** der sich je nach Spielintensität ändert.

Was ist neu in Space Invaders Infinity Gene Evolve?

- **Verbesserte Grafik und 3D-Transformationen** – Im Gegensatz zur Version von 2009 geht das Spiel in späteren Phasen vollständig in einen **3D-Weltraum-Shooter** über .

- **Verbesserte Gegner-KI und Bullet-Hell-Mechanik** – Feinde passen sich jetzt **an die Taktik des Spielers an,** wodurch jeder Durchlauf einzigartig wird.

- **Neue Schiffe und TAITO-Gastkämpfer** – Freischaltbare Schiffe aus klassischen **TAITO-Shootern** sorgen für **einzigartige Spielstile.**

- **Soundtrack-Evolution** – Die Musik des Spiels **ändert sich dynamisch,** um der Intensität der Kämpfe gerecht zu werden.

- **Online-Bestenlisten und Herausforderungen** – Messen Sie sich weltweit mit **Anzeigetafeln und zeitgesteuerten Events.**

1.4 Plattformen und Verfügbarkeit

Verfügbare Plattformen

Space Invaders Infinity Gene Evolve ist exklusiv **bei Apple Arcade** erhältlich, was bedeutet, dass es nur auf **Apple-Geräten verfügbar ist.** Das Spiel unterstützt:

- **iPhone** (iOS)

- **iPad** (iPadOS)

- **Mac** (macOS)

- **Apple TV** (tvOS)

Derzeit gibt es keine angekündigten Pläne für eine **PC-**, Konsolen- oder Android-Version

Anforderung für Apple Arcade-Abonnements

Da das Spiel Teil von **Apple Arcade ist**, müssen Spieler über ein aktives **Apple Arcade-Abonnement verfügen** , um darauf zugreifen zu können.

Details zum Apple Arcade-Abonnement:

- Monatliche Gebühr mit einer **kostenlosen Testversion** für neue Benutzer.

- Keine Werbung, In-App-Käufe oder Paywalls.

- Zugriff auf eine große Bibliothek **mit exklusiven Apple Arcade-Spielen.**

- Unterstützt **die Familienfreigabe**, sodass bis zu sechs Familienmitglieder spielen können.

Erscheinungsdatum

Space Invaders Infinity Gene Evolve soll am **3. April 2025** exklusiv auf Apple Arcade erscheinen.

Controller-Unterstützung und geräteübergreifendes Spielen

- Unterstützt **Touchscreen-Steuerung** auf iPhone und iPad.

- **Controller-Kompatibilität** für ein traditionelleres konsolenähnliches Erlebnis.

- **Cloud-Speicherstände** ermöglichen nahtloses Gameplay auf **iPhone, iPad, Mac und Apple TV**.

Wie man herunterlädt

1. Öffnen Sie den **App Store** auf einem Apple-Gerät.

2. Suche nach **Space Invaders Infinity Gene Evolve**.

3. Tippen Sie auf **"Herunterladen"** und installieren Sie das Spiel.

4. Starte das Spiel über **Apple Arcade**.

Da das Spiel Teil von **Apple Arcade ist**, kann es nicht separat erworben werden.

Kapitel 2: Erste Schritte

2.1 Systemanforderungen & Installation

Systemanforderungen

Da **Space Invaders Infinity Gene Evolve** exklusiv bei Apple Arcade **erhältlich ist, ist es nur auf** Apple-Geräten erhältlich . Im Folgenden finden Sie die Systemanforderungen für die einzelnen Plattformen.

iPhone & iPad

- **Betriebssystem:** iOS 15.0 oder höher (empfohlenes iOS 16+ für optimale Leistung).

- **Kompatible Geräte:**

  - iPhone 8 und neuer.

  - iPad (5. Generation und neuer).

  - iPad Air (3. Generation und neuer).

  - iPad Pro (alle Modelle).

- **Speicherplatz:** Mindestens **2 GB freier Speicherplatz** werden empfohlen.

- **Prozessor:** A12 Bionic Chip oder neuer für das beste Spielerlebnis.

- **Controller-Unterstützung:** Kompatibel mit **Bluetooth-Controllern**, einschließlich **PS5 DualSense-, Xbox- und MFi-Controllern.**

Mac

- **Betriebssystem:** macOS 12 Monterey oder höher.

- **Prozessor:** Apple M1-Chip oder neuer (Intel Core i5 wird unterstützt, es kann jedoch zu Leistungsproblemen kommen).

- **RAM:** Mindestens **4 GB RAM,** aber **8 GB empfohlen** für ein flüssiges Gameplay.

- **Speicherplatz:** Mindestens **2 GB freier Speicherplatz.**

- **Grafik:** Die integrierte GPU von Apple oder eine gleichwertige separate GPU.

- **Controller-Unterstützung:** Kompatibel mit **USB- und Bluetooth-Controllern** für ein verbessertes Erlebnis.

Apple TV

- **Betriebssystem:** tvOS 15 oder höher.

- **Kompatible Geräte:**

    o Apple TV HD (2015 und neuer).

○ Apple TV 4K (1. Generation und neuer).

• **Controller-Unterstützung:** Vollständig kompatibel mit **Apple Arcade-zertifizierten Controllern**, einschließlich **Xbox- und PlayStation-Controllern.**

Installationsanleitung

Da **Space Invaders Infinity Gene Evolve** Teil von **Apple Arcade ist**, ist der Installationsprozess einfach und erfordert ein **aktives Apple Arcade-Abonnement.**

Schritte zur Installation auf iPhone & iPad

1. Öffnen Sie den **App Store** auf Ihrem Gerät.

2. Tippe auf den **Arcade-Tab am unteren Bildschirmrand.**

3. Verwenden Sie die Suchleiste und geben Sie **"Space Invaders Infinity Gene Evolve" ein.**

4. Wählen Sie das Spiel aus den Suchergebnissen aus.

5. Tippen Sie auf **"Herunterladen"** oder auf die **Download-Schaltfläche**, um das Spiel zu installieren.

6. Warten Sie, bis die Installation abgeschlossen ist, und tippen Sie dann auf Öffnen, um die Wiedergabe zu starten.

Schritte zur Installation auf dem Mac

1. Öffnen Sie den **App Store** über das Dock oder den Ordner "Programme".

2. Klicken Sie im **App Store** auf die Registerkarte Arcade.

3. Suche nach **"Space Invaders Infinity Gene Evolve"**.

4. Klicken Sie auf **Abrufen** oder auf die **Download-Schaltfläche**.

5. Sobald die Installation abgeschlossen ist, öffnen Sie das Spiel über den **Anwendungsordner** oder **das Launchpad**.

Schritte zur Installation auf Apple TV

1. Öffne den **App Store** auf deinem Apple TV.

2. Navigieren Sie zum **Arcade-Bereich.**

3. Verwenden Sie die Suchfunktion, um **"Space Invaders Infinity Gene Evolve" zu finden**.

4. Wählen Sie das Spiel aus und klicken Sie auf **Herunterladen**, um den Download zu starten.

5. Öffnen Sie nach der Installation das Spiel von Ihrem Startbildschirm aus.

Anforderung eines Abonnements

Da **Space Invaders Infinity Gene Evolve** exklusiv für **Apple Arcade** erhältlich ist, musst du ein **aktives Apple Arcade- Abonnement haben** , um spielen zu können.

- **Neue Benutzer** können eine **einmonatige kostenlose Testversion** erhalten.

- **Apple Arcade kostet nach der Testversion 4,99 $/Monat** .

- **Mit der Familienfreigabe** können bis zu **sechs Familienmitglieder** mit einem Abonnement spielen.

Cloud-Spielstände und geräteübergreifendes Spielen

Apple Arcade unterstützt **iCloud-Spielstände**, sodass du **deinen Fortschritt auf mehreren Apple-Geräten fortsetzen** kannst.

- Starten Sie die Wiedergabe auf dem **iPhone** und fahren Sie auf **dem Mac oder Apple TV** fort.

- Der Spielfortschritt wird automatisch über **iCloud synchronisiert**.

- Stellen Sie sicher, dass Sie auf allen Geräten mit **derselben Apple-ID angemeldet sind** , um ein nahtloses Gameplay zu gewährleisten.

2.2 Navigieren im Hauptmenü

Beim Start von **Space Invaders Infinity Gene Evolve** werden die Spieler mit dem **Hauptmenü begrüßt**, das als zentrale Drehscheibe für alle Spieloptionen dient. Die Benutzeroberfläche ist intuitiv gestaltet, mit einer klaren, futuristischen Ästhetik, die sich im Laufe des Spiels weiterentwickelt.

Layout und Optionen des Hauptmenüs

Das Hauptmenü besteht aus mehreren wichtigen Abschnitten, die jeweils Zugriff auf verschiedene Spielmodi, Einstellungen und Anpassungsfunktionen bieten.

1. Spiel starten

- Mit dieser Option wird ein **neues Spiel** gestartet oder eine **vorherige Sitzung** ab dem letzten Speicherpunkt fortgesetzt.

- Wenn ein gespeichertes Spiel vorhanden ist, können die Spieler wählen:

    - **Weiter** – Setzt den Vorgang ab dem letzten Prüfpunkt fort.

    - **Neues Spiel** – Beginne neu und setze den Fortschritt zurück, während du die freigeschalteten Funktionen beibehältst.

2. Spielmodi

- **Klassischer Modus** – Traditionelles **Space Invaders-Gameplay mit minimaler Entwicklung.**

- **Evolutionsmodus** – Das vollständige Erlebnis mit progressiver Gameplay-Entwicklung.

- **Überlebensmodus** – Endlose Wellen von Feinden mit zunehmendem Schwierigkeitsgrad.

- **Punkteangriffsmodus** – Kämpfe in zeitlich begrenzten Herausforderungen um Highscores.

- **Event-Herausforderungen** – Spezielle, zeitlich begrenzte Herausforderungen mit einzigartigen Zielen.

3. Anpassung des Schiffes

- Die Spieler können aus **freigeschalteten Schiffen** wählen, jedes mit unterschiedlichen Attributen.

- Loadouts können mit **verschiedenen Waffen, Schilden und Upgrades** angepasst werden.

- Gastschiffe aus **den klassischen Franchises von TAITO** können ausgewählt werden, wenn sie freigeschaltet sind.

4. Einstellungen

- **Steuerung** – Passen Sie die Touch-Steuerung, die Controller-Empfindlichkeit und die Tastenbelegung an.

- **Grafik** – Wechseln Sie zwischen dem Standard- und dem Hochleistungs-Visual-Modus.

- **Audio** – Passen Sie Hintergrundmusik, Soundeffekte und Stimmpegel an.

- **Barrierefreiheit** – Aktivieren Sie Funktionen wie Farbenblindheitsmodi und Reduzierung von Bildschirmverwacklungen.

5. Bestenlisten & Erfolge

- Zeigt **globale Ranglisten** für die Modi "Punkteangriff" und "Überleben" an.

- Verfolgt **Meilensteine und Trophäen im Spiel**.

- Synchronisiert sich mit **dem Game Center** für den Zugriff auf die Online-Bestenliste.

6. Extras & Bonusinhalte

- **Galerie** – Sieh dir Konzeptkunst, freigeschaltete Skins und Retro-Arcade-Materialien an.

- **Music Player** – Hören Sie sich den sich weiterentwickelnden Soundtrack des Spiels an.

- **TAITO Legacy Section** – Entdecken Sie **die Geschichte und Referenzen der klassischen TAITO**.

7. Beenden/Beenden

- Ermöglicht es Spielern, zum **Apple Arcade-Dashboard zurückzukehren** oder das Spiel zu schließen.

Wie sich das Menü entwickelt

Im Laufe des Spiels verwandelt sich das Hauptmenü **visuell**, um ihre Erfolge widerzuspiegeln:

- **Klassischer Start** – Einfacher monochromer, pixeliger Stil.

- **Evolving State** – Schrittweise Einführung von Neonfarben und animierten Effekten.

- **Erweiterter Fortschritt** – Vollständig animierte 3D-Grafik mit reaktiven Hintergrundeffekten.

2.3 Spielmodi erklärt

Space Invaders Infinity Gene Evolve bietet mehrere Spielmodi, von denen jeder ein einzigartiges Spielerlebnis bietet. Diese Modi reichen von einem **traditionellen Arcade-Stil** bis hin zu **evolutionärem Gameplay,** das sich im Laufe der Zeit verändert.

1. Klassischer Modus

Dieser Modus repliziert das **ursprüngliche Space Invaders-Erlebnis**, verfügt jedoch über eine flüssigere Steuerung und kleinere Verbesserungen.

Funktionen:

- Traditionelles **2D-Arcade-Gameplay** mit einfachen Feindwellen.

- Begrenzte Waffenvielfalt – Spieler können nur die **klassische Laserkanone** verwenden.

- Feste Bewegung: Spieler können sich nur am unteren Bildschirmrand nach links und rechts bewegen.

- Punktebasierter Fortschritt mit zusätzlichen Leben, die bei bestimmten Punkteschwellen gewonnen werden.

- Pixel-Art-Retro-Grafiken, die an das Original von 1978 erinnern.

Am besten geeignet für:

- Spieler, die **nostalgisches Arcade-Gameplay** mögen.

- Diejenigen, die ein **vereinfachtes, herausforderungsbasiertes Erlebnis** wünschen.

2. Evolutionsmodus *(Hauptstory-Modus)*

Dies ist der **primäre Modus**, in dem sich das Spiel im Laufe des Spielers weiterentwickelt. Es beginnt im **klassischen Modus,** führt aber nach und nach **moderne Mechaniken ein.**

Funktionen:

- Beginnt mit **grundlegenden Bewegungen und Schüssen**, entwickelt sich aber zu **freier Bewegung und fortschrittlichen Waffen.**

- Neue Gegnertypen und **eine anpassungsfähige KI, die Angriffsmuster verändert.**

- **Grafische Entwicklung** – Von einfachen Schwarz-Weiß-Grafiken bis hin zu vollständig animierten Neon-3D-Effekten.

- **Mehrere Schiffsformen und freischaltbare Fähigkeiten,** darunter Zielsuchlaser, Schnellfeuerwaffen und Schilde.

- Stufenbasierter Fortschritt mit steigendem Schwierigkeitsgrad und **Bosskämpfen.**

Am besten geeignet für:

- Spieler, die ein **progressives Spielerlebnis suchen.**

- Diejenigen, die eine **Mischung aus klassischer und moderner Spielmechanik** wollen.

3. Überlebensmodus *(Endlos-Modus)*

Eine rasante **Ausdauerherausforderung**, bei der die Spieler gegen **immer schwierigere Wellen** von Feinden überleben müssen.

Funktionen:

- Kein Levelfortschritt – die Spieler **stehen endlosen Wellen** von Feinden gegenüber, bis sie alle Leben verlieren.

- Die Feinde **werden mit der Zeit** schneller und aggressiver.

- Die Spieler können **zufällige Power-Ups aufsammeln** , haben aber nur begrenzte Ressourcen.

- **Leaderboard-Integration** für globale Rankings.

Am besten geeignet für:

- Wettkampfspieler, **die ihre Reflexe und Ausdauer testen** möchten.

- Diejenigen, die Spaß an **der Highscore-Jagd** haben.

4. Punkteangriffsmodus *(zeitlich begrenzte Herausforderungen)*

Ein **kompetitiver Modus**, in dem die Spieler versuchen, innerhalb **eines festgelegten Zeitlimits die höchstmögliche Punktzahl** zu erzielen.

Funktionen:

- Zeitlich begrenzte Phasen, in denen die Spieler **so viele Feinde wie möglich besiegen müssen.**

- **Multiplikator-Mechanik** – Das Verketten von feindlichen Tötungen erhöht die Punktemultiplikatoren.

- Begrenzte Leben und Waffen, die **strategisches Spiel** erfordern.

- **Online-Bestenlisten**, um Highscores mit anderen Spielern zu vergleichen.

Am besten geeignet für:

- Spieler, die **Scoring-Herausforderungen im Arcade-Stil** mögen.

- Kompetitive Gamer, **die auf globale Highscores** abzielen.

5. Event-Herausforderungen *(zeitlich begrenzte Spezialmodi)*

Diese **rotierenden Events** führen **einzigartige Regeln** und **besondere Feinde ein** , die in anderen Modi nicht zu finden sind.

Funktionen:

- Zeitlich begrenzte **wöchentliche oder saisonale Herausforderungen.**

- **Einzigartige Bosskämpfe** und experimentelle Mechaniken.

- Besondere Belohnungen wie **alternative Schiffsdesigns und Waffen-Skins**.

- Bei einigen Events **gibt es Gastinhalte aus klassischen TAITO-Spielen**.

Am besten geeignet für:

- Spieler, die **frische, rotierende Herausforderungen** mögen.

- Diejenigen, die auf der Suche nach **exklusiven freischaltbaren Objekten und Belohnungen** sind.

2.4 Grundlegende Steuerung und Anpassung

Das Verständnis der Steuerung in **Space Invaders Infinity Gene Evolve** ist unerlässlich, um das Spiel zu meistern. Das Spiel unterstützt **Touchscreen-Steuerung**, **Controller-Unterstützung** und **Anpassungsoptionen** für verschiedene Spielstile.

Grundlegende Steuerelemente

Touchscreen-Steuerung (iPhone & iPad)

Für Spieler, die ein **iPhone oder iPad verwenden**, bietet das Spiel ein intuitives **berührungsbasiertes Steuerungssystem**:

Aktion	Touchscreen-Steuerung
Schiff bewegen	Wischen Sie nach links oder rechts (Klassischer Modus) / Wischen Sie frei (Evolution-Modus)
Schießen	Tippen Sie auf eine beliebige Stelle auf dem Bildschirm
Automatisches Feuern	Halten Sie den Finger auf dem Bildschirm
Spezialwaffe	Tippen mit zwei Fingern
Bombe (falls verfügbar)	Tippen mit drei Fingern
Spiel pausieren	Tippen Sie auf die Pause-Taste (obere Ecke)

Berührungsempfindlichkeit: Das Spiel ermöglicht es den Spielern, **die Berührungsempfindlichkeit** in den Einstellungen anzupassen, um die Bewegungsgeschwindigkeit fein abzustimmen.

Controller-Steuerung (Mac, Apple TV, iOS mit Bluetooth-Controllern)

Für Spieler, die einen **Bluetooth- oder USB-Controller** verwenden, ist die Steuerung ähnlich wie bei einem **Shooter im Konsolenstil** zugeordnet.

Aktion	PlayStation-Controller	Xbox-Steuerung	Apple/MFi-Steuerung

Schiff bewegen	Linker Stick oder D-Pad	Linker Stick oder D-Pad	Linker Stick oder D-Pad
Schießen	X / Quadratisch	A / X	Ein
Automatisches Feuern	X / Quadrat halten	Halten Sie A / X gedrückt	Halten Sie A
Spezialwaffe	Dreieck	Y	Y
Bombe (falls verfügbar)	Kreis	B	B
Pause	Schaltfläche "Optionen"	Menü-Schaltfläche	Pause-Taste

Controller-Vibration: Spieler können das Controller-Vibrationsfeedback **in den Einstellungen** aktivieren oder deaktivieren.

Tastatursteuerung (nur Mac)

Für diejenigen, die auf **dem Mac** spielen, erlaubt das Spiel Tastatureingaben.

Aktion	Standard-Schlüssel
Schiff bewegen	Pfeiltasten oder WASD
Schießen	Leertaste

Automatisches Feuern	Leertaste gedrückt halten
Spezialwaffe	Umschalten
Bombe (falls verfügbar)	Strg oder Befehl
Pause	Esc oder P

Anpassung der Steuerung

Spieler können das Steuerungslayout im **Einstellungsmenü** auf der Registerkarte **"Steuerung"** anpassen.

Anpassungsoptionen:

- **Tasten/Tasten neu belegen:** Ermöglicht die Neuzuordnung von Bewegungen, Schießen und Spezialfähigkeiten.

- **Einstellung der Berührungsempfindlichkeit:** Passt an, wie schnell sich das Schiff beim Wischen bewegt.

- **Autofire-Umschaltung:** Aktiviert/deaktiviert Serienaufnahmen, wenn Sie die Taste gedrückt halten.

- **Steuerung umkehren:** Ermöglicht bei Bedarf die Umkehrung der Bewegung oder des Ziels.

- **Controller-Vibration:** Aktiviert/deaktiviert das Rumpeln des Controllers.

Kapitel 3: Das Evolutionssystem verstehen

3.1 Wie Evolution funktioniert

Das **Evolutionssystem** in *Space Invaders Infinity Gene Evolve* verändert das Spielerlebnis dynamisch, während die Spieler voranschreiten. Das Spiel beginnt mit **klassischen Arcade-Mechaniken**, aber wenn die Spieler Feinde besiegen und Levels abschließen, entwickelt sich das Gameplay **weiter** und führt neue **Bewegungsmechaniken, Waffen, feindliches Verhalten und visuelle Transformationen** ein.

Schlüsselaspekte der Evolution

1. **Allmähliche Gameplay-Erweiterung**

   - Anfangs ist die Bewegung **auf links und rechts beschränkt** (wie bei den ursprünglichen *Space Invaders*).

   - Im Laufe des Spiels erhalten die Spieler **volle Richtungsbewegungen**, die neue Strategieebenen hinzufügen.

   - Waffen beginnen mit einem einfachen **Einzelschuss-Laser**, aber im Laufe der Evolution werden **Zielsuchraketen, Streuschüsse und Ladungsstrahlen** verfügbar.

2. **Umwelt- und optische Veränderungen**

    o   Die ersten Levels verfügen über **minimalistische Retro-Grafiken** , die dem Original von 1978 ähneln.

    o   Im Laufe der Entwicklung werden die Hintergründe detaillierter **und dynamischer** und wechseln von **2D-Pixelkunst zu animierten Neon-3D-Umgebungen**.

3. **Adaptive Feind-KI und -Muster**

    o   Zunächst bewegen sich die Feinde **in einfachen Mustern** wie im klassischen Spiel.

    o   Im Laufe des Spiels werden die Feinde **schneller, aggressiver und verwenden komplexe Angriffsformationen**.

    o   Die Bosskämpfe **werden immer komplexer** und führen **mehrphasige Kämpfe und Bullet-Hell-Mechaniken ein**.

4. **Musik- und Soundtrack-Entwicklung**

    o   In den ersten Levels gibt **es Musik im Chiptune-Stil,** ähnlich wie bei klassischen Arcade-Spielen.

    o   Im Laufe der Evolution fügt der Soundtrack **weitere Instrumente, Tiefe und dynamische Effekte hinzu,** die sich an die Entwicklung des Spiels anpassen.

Wie man die Evolution auslöst

- **Levels abschließen:** Das Abschließen von Levels bringt das Evolutionssystem auf natürliche Weise voran.

- **Punkte-Meilensteine:** Das Erreichen von Highscores schaltet neue Mechaniken schneller frei.

- **Bosse besiegen:** Bosskämpfe markieren große evolutionäre Veränderungen im Gameplay.

- **Sammeln von Entwicklungspunkten (EP):** In einigen Stufen gibt **es Entwicklungspunkte**, die Upgrades und neue Fähigkeiten freischalten.

3.2 Neue Funktionen und Waffen freischalten

Im Laufe des Spiels erhalten die Spieler Zugang zu **neuen Funktionen, Power-Ups und Waffen,** die den Kampf drastisch verändern.

Schlüsselfunktionen zum Entsperren

Merkmal	Wie man freischaltet	Effekt
Freizügigkeit	Stufe 3 Evolution	Ermöglicht Bewegungen in alle Richtungen.
Anpassung der Waffe	Stufe 5 Evolution	Schaltet verschiedene Schiffsausrüstungen und Waffenoptionen frei.

Spezialfähigkeiten	Meilensteine erreichen	Fügt Spezialangriffe wie Schilde und Zeitverlangsamung hinzu.
Stage-Select-Modus	Schließe den Evolutionsmodus ab	Ermöglicht es den Spielern, jede Stufe erneut zu spielen.
Farbthemen	Verborgene Errungenschaften	Ermöglicht die Anpassung von HUD und Grafik.

Neue Waffen & Power-Ups

Waffe	Effekt	Wie man freischaltet
Spread Schuss	Feuert mehrere Projektile in verschiedene Richtungen.	Mittlere Entwicklungsphase.
Zielsuchende Raketen	Zielt automatisch auf Feinde ab.	Highscore-Bonus.
Ladungsstrahl	Feuert nach dem Aufladen eine mächtige Explosion ab.	Evolutionsstufe 4.
Wellenkanone	Durchdringt mehrere Feinde.	Besiege einen Boss mitten im Spiel.
Schild-Generator	Absorbiert einen gegnerischen Angriff.	Belohnung für die Stufe.

3.3 Evolutionsstufen: Übergang von 2D zu 3D

Einer der aufregendsten Aspekte von *Space Invaders: Infinity Gene Evolve* ist die **allmähliche Verwandlung von einem klassischen 2D-Arcade-Shooter in ein vollständig dynamisches 3D-Erlebnis.** Diese Verschiebung vollzieht sich über mehrere Evolutionsstufen und verändert alles, von der Spielmechanik bis hin zur visuellen Präsentation.

Evolutionäre Stadien

1. **Stufe 1: Klassischer 2D-Arcade-Stil**

   o Das Spiel beginnt mit der **ursprünglichen, von 1978 inspirierten Mechanik.**

   o Die Spieler können sich nur **am unteren Bildschirmrand** nach links und rechts bewegen.

   o Einfache **Schwarz-Weiß-Pixelgrafiken** mit statischem Hintergrund.

   o **Einzelschuss-Laserwaffe**, ähnlich dem Original.

2. **Stufe 2: Erweiterte 2D-Bewegung**

   o Schaltet **vertikale Bewegungen frei** und gibt so mehr Freiheit, Angriffen auszuweichen.

   o Führt **neue Gegnerformationen ein** , die unterschiedliche Strategien erfordern.

- Farbverbesserungen und **dynamische Hintergrundeffekte** werden angezeigt.

- Die Waffen entwickeln sich weiter und fügen **schnellere Schüsse** und **frühe Power-Ups hinzu.**

3. **Stufe 3: Pseudo-3D-Perspektive (isometrische Ansicht)**

- Die Kamera verschiebt sich leicht und verleiht **der Umgebung mehr Tiefe.**

- Feinde tauchen **aus dem Hintergrund auf** und greifen aus mehreren Winkeln an.

- **Neue Waffen wie zielsuchende Raketen und Ladungsstrahlen** werden verfügbar.

- Die Geschwindigkeit des Spiels erhöht sich, was **zu schnellerem Ausweichen und reaktionsbasiertem Gameplay** führt.

4. **Phase 4: Vollständiges 3D-Gameplay**

- Das Spiel verwandelt sich vollständig in einen **3D-Shooter im Bullet-Hell-Stil.**

- Die Spieler können sich **frei in alle Richtungen bewegen** und Wellen von Projektilen ausweichen.

- Die gegnerische KI wird **anpassungsfähig** und reagiert auf die Bewegungen des Spielers.

- Die Grafik wechselt zu **dynamischen Neon- und holografischen Effekten** und schafft eine intensive futuristische Atmosphäre.

5. **Stufe 5: Fortgeschrittene Evolution (Vollständiges Weltraumkampfgefühl)**

   ○ Die Spieler können **jetzt 360-Grad-Bewegungen erleben**, ähnlich wie bei modernen Weltraum-Shootern.

   ○ **Feinde greifen aus allen Richtungen an**, was ein vollständiges Situationsbewusstsein erfordert.

   ○ **Die Bosskämpfe werden mehrphasig** und bieten rotierende Arenen und zerstörbare Umgebungen.

   ○ **Ultimative Waffen** wie die **Wellenkanone** und der **Multilaser** sind freigeschaltet.

Visuelle und akustische Entwicklung

● Die **Musik wechselt dynamisch** von einfachen Pieptönen zu einem orchestrierten elektronischen Soundtrack.

● Partikeleffekte, leuchtende Neonspuren und **Bewegungsunschärfe-Effekte** verstärken das futuristische Gefühl.

● Ältere Elemente sind **immer noch vorhanden, aber neu interpretiert,** um die Nostalgie am Leben zu erhalten und gleichzeitig das moderne Gameplay zu umarmen.

3.4 Effektives Verwalten von Upgrades

Im Laufe des Spiels wird die Verwaltung von Upgrades für **das Überleben und die Effizienz unerlässlich**. Die Spieler müssen entscheiden, welche **Waffen, Schiffsverbesserungen und Fähigkeiten** sie basierend auf ihrem Spielstil priorisieren wollen.

Wichtige Upgrade-Kategorien

Art des Upgrades	Effekt	Am besten geeignet für
Verbesserungen an den Waffen	Erhöht die Feuerrate, den Schaden oder die Reichweite von Angriffen.	Aggressive Spieler, die sich darauf konzentrieren, Feinde schnell zu eliminieren.
Geschwindigkeit und Manövrierfähigkeit des Schiffes	Verbessert die Bewegungsgeschwindigkeit und die Ausweichfähigkeit.	Spieler, die geschwindigkeitsbasiertes Ausweichen anstelle von Schilden bevorzugen.
Defensive Schilde	Bietet vorübergehende Unbesiegbarkeit oder absorbiert Angriffe.	Diejenigen, die mit Bullet-Hell-Mechaniken zu kämpfen haben.
Spezialfähigkeiten	Schaltet mächtige Werkzeuge wie Zeitlupen- oder Geländeräumbomben frei.	Spieler, die zusätzliche strategische Optionen wünschen.

Die besten Upgrade-Strategien

1. **Balance zwischen Angriff und Verteidigung**

   o Während stärkere Waffen helfen, Feinde schnell zu eliminieren, kann die Investition in **defensive Upgrades** unnötige Tode verhindern.

2. **Passen Sie sich dem Bühnenbild an**

   o In einigen Levels werden **Weitstreckenwaffen** wie Streuschüsse bevorzugt, während andere **Präzisionswaffen** wie Ladungsstrahlen erfordern.

   o Geschwindigkeitsverbesserungen sind entscheidend für **kugellastige Abschnitte**, während Schilde gegen aggressive Bosse helfen können.

3. **Experimentiere mit Loadouts**

   o Unterschiedliche **Waffenkombinationen** funktionieren besser für verschiedene Gegnertypen.

   o Das Testen mehrerer Setups hilft, die beste **Balance zwischen Angriffskraft und Mobilität** zu finden.

4. **Upgrade basierend auf dem Spielmodus**

- ○ Im **Überlebensmodus** solltest du **Schilde und Bewegungsgeschwindigkeit** priorisieren.

- ○ Konzentriere dich **in** Score Attack auf **Schnellfeuerwaffen mit hohem Schaden**.

- ○ Im **Evolution-Modus** sorgt ein **ausgewogener Ansatz** für einen reibungsloseren Fortschritt.

Kapitel 4: Schiffsauswahl und Anpassung

4.1 Standardschiff und seine Fähigkeiten

Übersicht über das Standardschiff

Der **Standard Fighter** ist das Startschiff im Spiel, das für ein ausgewogenes Gameplay entwickelt wurde. Es behält die **klassische Space Invaders-Ästhetik bei**, die sich im Laufe des Spielers allmählich weiterentwickelt.

Hauptmerkmale:

- **Ausgewogene Geschwindigkeit und Mobilität:** Moderate Bewegungsgeschwindigkeit ermöglicht präzises Ausweichen.

- **Einfache Laserwaffe:** Feuert einzelne Schüsse in gleichmäßigem Tempo ab, ähnlich wie bei den ursprünglichen *Space Invaders*.

- **Upgrade-Potenzial:** Erhält im **Laufe des Spiels Zugang zu** Bewegungsverbesserungen, einer schnelleren Feuerrate und fortschrittlichen Waffen.

- **Anfangs keine Spezialfähigkeiten:** Im Gegensatz zu späteren Schiffen startet der Standard-Jäger nicht mit Spezialangriffen oder Schilden.

Vor- und Nachteile:

Profis	Nachteile
Gut ausbalanciert für Einsteiger	Beginnt mit einem schwachen Einzelschusslaser
Einfach zu steuern	Fehlende Spezialfähigkeiten zu Beginn
Entwickelt sich stetig zu einem stärkeren Kämpfer	Eingeschränkter Bewegungsradius in der Anfangsphase

4.2 Freischalten und Verwenden von Gastkämpfern

Im Laufe des Spiels können die Spieler **spezielle Schiffe** freischalten, die von **klassischen TAITO-Arcade-Spielen** inspiriert sind. Diese **Gastkämpfer** bringen einzigartige Waffen, Bewegungsmuster und Fähigkeiten mit, die das Gameplay drastisch verändern.

So entsperren Sie Gastkämpfer:

- **Highscores & Erfolge:** Einige Schiffe werden freigeschaltet, wenn Spieler bestimmte Punktemeilensteine erreichen.

- **Abschließen von Phasen:** Bestimmte Gastkämpfer werden verfügbar, nachdem sie **große Bosse besiegt** oder Entwicklungsstufen abgeschlossen haben.

- **Zeitlich begrenzte Events:** Einige Schiffe sind nur durch spezielle Herausforderungen oder Events verfügbar.

Bemerkenswerte Gastkämpfer:

Name des Schiffes	Spiel von Origin	Einzigartige Fähigkeit
Silberner Falke	*Darius*	Verwendet Wellenstrahl- und Zielsuchraketen
R-Grau 1	*RayForce*	Verfügt über einen leistungsstarken Lock-On-Laser
Metall Schwarzes Schiff	*Metall Schwarz*	Kann gegnerische Energie absorbieren, um einen Spezialangriff aufzuladen
XEXEX Kämpfer	*XEXEX*	Verfügt über einen abnehmbaren Energie-Pod für zusätzliche Feuerkraft
Arkanoid Vaus	*Arkanoid*	Schießt hüpfende Energiebälle anstelle von Lasern

Jeder Gastkämpfer spielt sich anders und bietet **einzigartige Angriffsstile, Bewegungsphysik und strategische Optionen**.

4.3 Waffen-Loadouts und ihre Auswirkungen

Jedes Schiff kann mit unterschiedlichen Waffen ausgerüstet werden, die sich auf Feuerkraft, Reichweite und Effektivität im Kampf auswirken. Die Wahl der richtigen Ausrüstung kann in späteren

Phasen den Unterschied zwischen **Überleben und Niederlage** ausmachen .

Primäre Waffentypen:

Waffe	Effekt	Am besten geeignet für
Einzelner Laser	Standard-Geradeschuss	Anfänger, frühe Niveaus
Spread Schuss	Feuert mehrere Kugeln in einem weiten Bogen ab	Schwärme Feinde, Massenkontrolle
Zielsuchend e Raketen	Sucht automatisch nach Feinden	Sich schnell bewegende Feinde
Ladungsstra hl	Erfordert Aufladung, verursacht aber massiven Schaden	Bosskämpfe
Wellenkano ne	Durchdringt mehrere Feinde	Große feindliche Formationen

Sekundärwaffen & Power-Ups:

Sekundärwaffe	Effekt
Seitliche Laser	Fügt zusätzliche Laser hinzu, die von beiden Seiten schießen
Zielsuchende Kugeln	Kleine Energiebälle, die Feinde verfolgen

Plasma-Schild	Absorbiert einen gegnerischen Angriff, bevor er zerbricht
Zeitverlangsamendes Gerät	Verlangsamt vorübergehend die Bewegung des Gegners
Energieabsorption	Wandelt gegnerische Schüsse in Gesundheits- oder Punkteboni um

Die Wahl der richtigen Kombination aus **Primär- und Sekundärwaffen** kann den Spielern in verschiedenen Spielmodi einen Vorteil verschaffen.

4.4 Die besten Schiffe für verschiedene Spielstile

Jedes Schiff hat Stärken und Schwächen, so dass einige besser für **bestimmte Spielstile und Spielmodi** geeignet sind.

Empfohlene Schiffe nach Spielstil:

Spielstil	Bestes Schiff	Warum?
Ausgewogen (Allrounder)	Standard-Schiff	Abgerundete Werte, entwickeln sich stetig weiter
Aggressiver Angreifer	R-Grau 1 (RayForce)	Der Lock-on-Laser eliminiert Feinde schnell

Geschwindigke it & Ausweichen	XEXEX Kämpfer	Schnelle Bewegung, Energiekapsel sorgt für zusätzliche Feuerkraft
Defensiv & Strategisch	Arkanoid Vaus	Reflektierende Energieschüsse sorgen für einen einzigartigen Angriffsstil
Highscore-Jäger	Silberner Falke (Darius)	Große Angriffsreichweite und zielsuchende Raketen erhöhen das Punktepotenzial

Die Spieler sollten mit verschiedenen Schiffen experimentieren, um dasjenige zu finden, das am besten zu ihren **Reflexen, ihrer Strategie und ihrem bevorzugten Spielstil** passt.

Kapitel 5: Spielmechanik und Punktesystem

5.1 Bewegungs- und Schießgrundlagen

Bewegungssteuerung

- **Frühe Stadien (klassischer Modus):** Die Bewegung ist auf links und rechts beschränkt, ähnlich wie bei den ursprünglichen *Space Invaders*.

- **Evolution im mittleren Spiel: Schaltet** vertikale Bewegungen **frei**, die eine strategischere Positionierung ermöglichen.

- **Advanced Evolution:** Ermöglicht **volle 360-Grad-Bewegungen** und verwandelt das Spiel in einen dynamischen Bullet-Hell-Shooter.

Schieß-Mechanik

- **Basislaser:** Feuert jeweils einen Schuss ab; spätere Upgrades erlauben mehrere Projektile.

- **Auto-Fire:** Kann für schnelles Schießen eingeschaltet werden, hilfreich in geschosslastigen Abschnitten.

- **Ladeschüsse:** Einige Waffen müssen aufgeladen werden, bevor sie eine **Explosion mit hohem Schaden** auslösen können.

- **Gerichtetes Schießen:** In späteren Levels können einige Schiffe in mehrere Richtungen gleichzeitig feuern.

Abwedeln und Positionieren

- Wenn Sie ständig in **Bewegung bleiben** , verringert sich das Risiko, getroffen zu werden.

- Die Positionierung in der Nähe der **Bildschirmränder** ermöglicht ein schnelles Ausweichen.

- Einige Schiffe haben **kleinere Hitboxen**, die es einfacher machen, sich durch feindliches Feuer zu schlängeln.

5.2 Punktemultiplikatoren und Bonuspunkte

Basis-Punktesystem

- Jeder **besiegte Feind** gewährt einen Basispunktwert.

- Stärkere Feinde und **Bosse** geben **Belohnungen mit höherer Punktzahl**.

- Das Zerstören von Gegnern erhöht schnell den Punktwert.

Multiplikatoren für die Punktzahl

Multiplikatoren sind unerlässlich, um **Highscores zu erreichen** und zusätzliche Spielinhalte freizuschalten.

Typ multiplizieren	Effekt	Wie man auslöst
Combo-Multiplikator	Erhöht die Punktzahl, wenn Gegner nacheinander zerstört werden	Töte Feinde, ohne Schüsse zu verpassen
Geschwindigk eits-Bonus	Extrapunkte für das schnelle Räumen von Wellen	Besiege Feinde, sobald sie auftauchen
No-Hit-Bonus	Großer Punktebonus am Ende einer Etappe	Schließe ein Level ab, ohne Schaden zu nehmen
Bonus für perfekte Genauigkeit	Extrapunkte für jeden Schlag	Vermeiden Sie es, Schläge in einer Welle zu verpassen
Boss-Takedown-Bonus	Zusätzliche Punkte für schnelle Boss-Siege	Eliminiere einen Boss unter einem Zeitlimit

Bonuspunkte-Möglichkeiten

- **Versteckte Feinde:** In einigen Levels gibt es **geheime Feinde** , die hohe Punkteboni gewähren.

- **Chain Kills:** Das Zerstören **mehrerer Feinde auf einmal** (mit Explosionen oder Streuschüssen) gewährt **zusätzliche**

Punkte.

- **Stufenabschlussrang:** Die Stufen werden basierend auf ihrer Leistung (S-, A-, B- und C-Ränge) eingestuft und belohnen **mit höheren Punktzahlen für bessere** Platzierungen.

5.3 Spezialfähigkeiten und Power-Ups

Im Laufe des Spiels erhalten die Spieler Zugang zu **Spezialfähigkeiten** und Power-Ups, die **den Kampf und das Überleben verbessern.**

Spezialfähigkeiten

Fähigkeit	Effekt	Wie man freischaltet
Hyper-Modus	Erhöht vorübergehend die Feuerrate und den Schaden	Verdient durch das Besiegen von Bossen im mittleren Spiel
Langsame Zeit	Verlangsamt die Bewegungen des Gegners, um leichter ausweichen zu können	Gefunden in späteren Stadien
Energie-Explosion	Löst eine Explosion aus, die den Bildschirm löscht	Erlangt durch Evolutions-Upgrades
Schild-Generator	Blockiert erlittenen Schaden für kurze Zeit	Power-Up-Drop von Gegnern

Gravitation swelle	Stößt Feinde weg und unterbricht ihre Angriffe	Freischaltbar über Highscore-Erfolge

Power-Ups

Power-Ups werden **zufällig von Feinden oder bestimmten Abschnitten der Stage** fallen gelassen.

Einschalten	Effekt
Schnellfeuer	Erhöht vorübergehend die Feuerrate
Doppelter Schuss	Ermöglicht zwei gleichzeitige Aufnahmen anstelle von einer
Spread-Upgrade	Erhöht die Spread-Shot-Abdeckung
Zielsuchende Raketen	Fügt zielsuchende Raketen zu deinen Standardangriffen hinzu
Schild der Unbesiegbarkeit	Gewährt vorübergehende Immunität gegen Beschädigung

Der effektive Einsatz von Power-Ups kann **das Blatt im Kampf wenden**, besonders bei **herausfordernden Bosskämpfen oder feindlichen Wellen.**

5.4 Fortgeschrittene Taktiken für Highscores

Für diejenigen, die **die Top-Rangliste erreichen wollen, ist der** Einsatz **fortgeschrittener Taktiken** unerlässlich.

1. Auswendiglernen von Feindmustern

- Feinde folgen **bestimmten Bewegungsmustern** – das Erlernen dieser Muster ermöglicht **präventives Ausweichen und schnellere Tötungen.**

- Einige Feinde haben **Schwachstellen** , die mehr Schaden einstecken – wenn man diese anvisiert, beschleunigt man die Kämpfe.

2. Effiziente Nutzung von Power-Ups

- Vermeide es, Power-Ups sofort zu verwenden – hebe sie dir für **Bosskämpfe oder harte Wellen** auf.

- Die Kombination mehrerer **Power-Ups** (z. B. Schnellfeuer + Streuschuss) verstärkt das **Angriffspotenzial.**

3. Verketten Sie Kombos für maximale Multiplikatoren

- Versuchen Sie, **mehrere Feinde schnell** und ohne Lücken bei den Angriffen zu eliminieren.

- Vermeide **Fehlschüsse** – jeder präzise Treffer erhöht den **Kombo-Multiplikator.**

4. Bosskampf-Strategien

- Die meisten **Bosse haben unterschiedliche Angriffsphasen** – rechne mit Veränderungen in den Mustern.

- Einige **Bosse lassen zusätzliche Punkteboni fallen** , wenn sie besiegt werden , **ohne Schaden zu nehmen.**

- **Fokussiere das Feuer auf Schwachstellen** , um die Eliminierung von Bossen zu beschleunigen.

5. Spielstil Risiko vs. Belohnung

- Aggressives Spielen, indem man in **der Nähe von Feinden bleibt**, ermöglicht **schnellere Kills und höhere Punktzahlen.**

- Es erhöht jedoch auch **das Risiko, getroffen zu werden** – balancieren Sie Angriff und Verteidigung mit Bedacht aus.

Kapitel 6: Gegnertypen und Angriffsmuster

6.1 Klassische Invasoren und ihr Verhalten

Die **ursprünglichen Space Invaders** kehren in *Infinity Gene Evolve zurück*, entwickeln sich aber im Laufe des Spiels allmählich zu aggressiveren Versionen.

Grundlegende klassische Invaders:

Gegnertyp	Benehmen	Schwäche
Standard-Eindringling	Bewegt sich nach links und rechts, allmählich absteigend	Eliminierung mit einem einzigen Schuss
Schneller Eindringling	Bewegt sich schneller als Standardgegner, fällt bei niedrigeren Gegnern schneller ab	Vorhersehbare horizontale Bewegung
Schild-Eindringling	Hat eine Barriere, die einen Treffer blockt, bevor sie Schaden erleidet	Warte auf die Abklingzeit der Barriere und greife dann an
Eindringling erschießen	Feuert sich langsam bewegende Projektile auf den Spieler ab	Bleiben Sie mobil, um Schüsse zu vermeiden

| Kommandant Eindringling | Bufft Eindringlinge in der Nähe, um sie schneller zu machen | Ziel zuerst, um den Geschwindigkeitsschub des Gegners zu deaktivieren |

Verhaltensmuster:

- **Feinde beginnen langsam, beschleunigen sich aber, wenn ihre Anzahl abnimmt.**

- Einige **Eindringlinge positionieren sich strategisch neu** , anstatt in einer geraden Linie abzusteigen.

- In späteren Levels gibt **es Feinde mit mehreren Treffern, die stärkere Waffen benötigen,** um sie zu besiegen.

6.2 Neue Gegnertypen in Evolve eingeführt

Im Laufe des Spiels tauchen neue **High-Tech-Feinde** auf, die **fortschrittliche Angriffsmuster** und **Bullet-Hell-Mechaniken** mit sich bringen.

Neuer Feind	Beschreibung	Angriffsstil	Strategie zum Besiegen
Phantom-Eindringling	Durchsichtige Gegner, die ein- und ausgeblendet werden	Wird in regelmäßigen Abständen immateriell	Angreifen, wenn sichtbar

Schwarm-Drohne	Kleine, schnell drehende Einheiten in großen Gruppen	Gebühren beim Spieler	Verwenden Sie Spread-Shots zur Kontrolle der Menschenmenge
Laser-Wächter	Ein großer Eindringling mit rotierenden Kanonen	Feuert kontinuierliche Laserstrahlen ab	Bewegen Sie sich zwischen Laserlücken
Eindringling teleportieren	Warpt zu verschiedenen Bildschirmpositionen	Feuert zielsuchende Projektile ab	Ausweichen, dann Gegenangriff nach Teleportation
Explodierender Eindringling	Zerstört sich selbst, wenn es getroffen wird, und fügt Gegnern in der Nähe und dem Spieler Schaden zu	Die Explosion erstreckt sich über einen großen Bereich	Angriff aus sicherer Entfernung

Evolutionäre Verhaltensänderungen:

- Feinde **passen sich an** – einige erhalten **Schilde**, andere **zerfallen in kleinere Formen,** wenn sie zerstört werden.

- Später feuern Feinde **Energiewellen, Laser und zielsuchende Raketen ab.**

- **Das Verhalten des Schwarms wird unvorhersehbar** und erfordert schnelle Reaktionen.

6.3 Bosskämpfe und wie man sie besiegt

Die Bosse in *Infinity Gene Evolve* bieten **mehrphasige Kämpfe**, bei denen die Spieler ihre Strategien anpassen müssen.

Häufige Boss-Eigenschaften:

- **Mehrere Schwachpunkte:** Bei einigen Bossen muss **man bestimmte Bereiche anvisieren**, um Schaden zu verursachen.

- **Phasenübergänge:** Bosse ändern während **des Kampfes ihre Angriffsstile** und erhöhen so den Schwierigkeitsgrad.

- **Gefahren in der Umgebung:** Einige Begegnungen haben bewegliche **Hindernisse oder begrenzten Platz.**

Bemerkenswerte Chefs und Strategien:

Name des Chefs	Aussehen	Angriffsmuster	Schwäche
Gigatonnen-Eindringling	Eine riesige Version eines klassischen Eindringlings	Feuert massive Energiestöße ab und verbreitet kleinere Eindringlinge	Zielen Sie auf den blinkenden Kern, wenn er sich öffnet
Neon-Schwarm-Kern	Eine pulsierende Kugel mit rotierenden Schilden	Schießt Schwärme von sich schnell bewegenden Drohnen ab	Zerstöre Drohnen zuerst, um den Kern freizulegen

Quanten-Verzerrer	Eine sich verändernde Gestalt, die sich über den Bildschirm teleportiert	Schießt zielsuchende Laser nach dem Teleportieren	Vorhersage von Bewegung und Feuer im Voraus
Gepanzer ter Koloss	Ein mehrsegmentiger Eindringling mit verstärkter Beschichtung	Entfesselt Schockwellen, wenn sie getroffen werden	Zielt auf die leuchtenden Schwachstellen ab
Letzte Evolution s-Entität	Der ultimative Boss, der zwischen mehreren Feindformen wechselt	Kombiniert alle vorherigen Angriffsmuster	Passen Sie sich an Formänderunge n an und weichen Sie strategisch aus

Tipps für Bosskämpfe:

- **Bewahren Sie Spezialwaffen** (wie Ladungsstrahlen) für **Schwachpunkt-Belichtungsmomente** auf.

- **Konzentriere dich auf das Überleben** – Chefs haben vorhersehbare **Muster**, daher ist Geduld der Schlüssel.

- **Setze Power-Ups mit Bedacht ein** – ein Schild oder eine Zeitverlangsamung können das Blatt in harten Kämpfen wenden.

6.4 Überleben von Schwarmangriffen und Bullet Hell-Sequenzen

In späteren Phasen greifen Feinde **in großer Zahl an**, was zu **Bullet-Hell-Situationen** führt.

So funktionieren Schwarmangriffe:

- **Feinde überfluten den Bildschirm aus mehreren Richtungen.**

- **Projektile erzeugen komplexe Geschossmuster**, die präzise Bewegungen erzwingen.

- **Einige Feinde teilen sich bei der Zerstörung in mehrere Formen auf.**

Die besten Strategien zum Überleben:

Taktik	Wie es hilft
Bleiben Sie mobil	Ständige Bewegung verringert die Wahrscheinlichkeit, getroffen zu werden
Den gesamten Bildschirm verwenden	Bleiben Sie nicht in einem Bereich, sondern bewegen Sie sich nach oben/unten und von einer Seite zur anderen
Kontinuierliches Feuer	Druck aufrecht zu erhalten, verhindert eine überwältigende Anzahl von Feinden
Merken Sie sich Angriffsmuster	Bosse und Feinde folgen festgelegten Sequenzen – das Erlernen dieser Sequenzen hilft, Schaden zu vermeiden
Power-Ups intelligent nutzen	Sparen Sie Schilde oder verlangsamen Sie die Zeit für die schwierigsten Abschnitte

Ausweichen vor Bullet Hell-Sequenzen:

- **Achte auf Lücken in den Kugelmustern** – nicht alle Angriffe bedecken den gesamten Bildschirm.

- **Bewege dich im Rhythmus des feindlichen Feuers** – viele Projektile folgen vorhersehbaren Wellen.

- **Gib dem Überleben Vorrang vor dem Angriff** – manchmal ist Ausweichen die beste Strategie.

Kapitel 7: Spielmodi und Herausforderungen

7.1 Klassischer Modus vs. Evolutionsmodus

Klassischer Modus

- Inspiriert vom ursprünglichen Gameplay von **Space Invaders aus dem Jahr 1978**.

- **Eingeschränkte Bewegungsfreiheit** (anfangs nur links und rechts).

- Feinde sinken **in festen Mustern** mit zunehmender Geschwindigkeit ab.

- **Einzelner Waffentyp** – keine Upgrades oder Weiterentwicklungen.

- Am besten für Spieler, die **ein nostalgisches Erlebnis wünschen**.

Evolutionsmodus

- Führt die **Spielentwicklung** ein und schaltet **neue Fähigkeiten, Waffen und Bewegungsstile frei**.

- Feinde **ändern ihre Form, ihr Angriffsmuster und werden** mit der Zeit schwieriger.

- **Die Stufen gehen von 2D zu 3D über** und schaffen so ein dynamisches Erlebnis.

- Enthält **mehrere Waffentypen, Power-Ups und Spezialfähigkeiten.**

- Am besten für Spieler, die **eine progressive und sich weiterentwickelnde Herausforderung suchen.**

Wesentliche Unterschiede

Merkmal	Klassischer Modus	Evolutionsmodus
Bewegung	Nur links und rechts	Volle 360-Grad-Bewegung
Waffen	Einfacher Laser	Freischaltbare Waffen-Upgrades
Feinde	Feste Muster	Anpassungsfähige, sich entwickelnde Bedrohungen
Graphik	Verpixelt im Retro-Stil	Moderne Grafik, 2D-3D-Transformation
Spielfortschritt	Statisches Gameplay	Freischaltbare Fähigkeiten und Upgrades

7.2 Strategien im Überlebensmodus

Überblick

- Das Ziel ist es, **so lange wie möglich** gegen endlose Wellen von Feinden zu überleben.

- Mit jeder Welle **steigt der Schwierigkeitsgrad** und es gibt stärkere Feinde und schnellere Angriffsmuster.

- **Begrenzte Power-Ups** – Spieler müssen ihre Ressourcen mit Bedacht verwalten.

- Highscores basieren **auf der Überlebenszeit und der Zerstörung von Feinden.**

Überlebenstipps:

1. Priorisieren Sie Bewegung vor Angriff

- Ständig mobil **zu bleiben** , hilft dabei, zunehmenden Geschossmustern auszuweichen.

- Verwende **kreisende** Bewegungen, um nicht in die Enge getrieben zu werden.

2. Verwalten Sie Power-Ups mit Bedacht

- Hebe **dir defensive Power-Ups** (Schilde, Zeitverlangsamung) für spätere Wellen auf.

- Setze **offensive Power-Ups** (Streuschuss, Schnellfeuer) für feindliche Schwärme ein.

3. Nimm zuerst die wichtigsten Feinde ins Visier

- Eliminiere **Kommandanten-Eindringlinge** , die die Geschwindigkeit deiner Feinde erhöhen.

- Zerstöre **explodierende Eindringlinge** aus der Ferne, um Selbstschaden zu vermeiden.

4. Lerne feindliche Wellenmuster

- **Frühe Wellen** sind vorhersehbar – nutzen Sie sie, um Punktemultiplikatoren zu erstellen.

- **Spätere Wellen** erfordern eine schnelle Anpassungsfähigkeit – das Auswendiglernen von Angriffsmustern ist der Schlüssel.

7.3 Tipps für Zeitangriffe und Punkteangriffe

Zeit-Attack-Modus

- Die Spieler müssen **die Wellen so schnell wie möglich** innerhalb eines Zeitlimits räumen.

- Höhere **Geschwindigkeitsboni** werden für **schnellere Eliminierungen** vergeben.

Strategien für Time Attack:

- **Setze Waffen mit hohem Schaden** wie Laserstrahlen ein, um Feinde sofort zu beseitigen.

- **Auf die Positionierung kommt es an** – bleibe in der Nähe **der gegnerischen Spawn-Zonen**, um schnell anzugreifen.

- **Vermeide unnötiges Ausweichen** – Aggression wird in diesem Modus belohnt.

Punkte-Angriffsmodus

- Ziel ist es, **innerhalb eines festgelegten Zeitlimits die höchste Punktzahl zu erreichen**.

- Multiplikatoren sind **entscheidend** – eine **perfekte Kombination** ist der Schlüssel.

Strategien für den Punkteangriff:

- **Brich niemals eine Kombo ab** – verpasste Schüsse verringern die Multiplikatoren.

- **Zerstöre Feinde in Ketten** – Zielgruppen für Bonuspunkte.

- **Setze Spezialfähigkeiten mit Bedacht ein** – wenn du den **Hyper-Modus** mit dem höchsten Multiplikator aktivierst, erhältst du die maximale Punktzahl.

7.4 Besondere Events und zeitlich begrenzte Herausforderungen

Überblick

- Diese **saisonalen oder besonderen** Event-Modi bringen **einzigartige Feinde, Gameplay-Wendungen und exklusive Belohnungen** mit sich.

- Einige Events **schränken Waffentypen ein** oder **führen modifizierte Physik ein** (z. B. Kämpfe mit geringer Schwerkraft).

Arten von Ereignissen

Event-Modus	Art der Herausforderung	Belohnungen
Boss-Ansturm	Besiege mehrere Bosse hintereinander	Seltene Schiffsfreischaltungen
Hardcore-Modus	Spiele mit **nur einem Leben**	Highscore-Ranglisten
Waffen-Herausforderung	Verwende nur eine **bestimmte Waffenausrüstung**	Spezielle Power-Ups
Zeitgesteuertes Überleben	Überlebe für einen bestimmten Zeitraum gegen überwältigende Wellen	Bonus-Punkte-Multiplikatoren

Tipps für besondere Veranstaltungen:

- **Übe Event-Mechaniken,** bevor du auf die Rangliste zielst.

- **Anpassung an Einschränkungen**: Bei einigen Ereignissen wird das automatische Auslösen aufgehoben oder die Bewegung eingeschränkt.

- **Maximieren Sie die Event-Belohnungen** – viele Events bieten **exklusive Schiffs-Skins oder Power-Ups**.

Kapitel 8: Fortgeschrittene Strategien und Profi-Tipps

8.1 Abwedel- und Positionierungstechniken

Beherrschung der Bewegung

- **Bleibe mobil** – Bleibe nie zu lange an einem Ort, während die Feinde ihre Angriffe anpassen.

- **Verwenden Sie die Kanten mit Bedacht** – Wenn Sie sich in Richtung Bildschirmränder bewegen, können Bedrohungen von mehreren Seiten reduziert werden.

- **Feindliches Feuer vorhersagen** – Beobachte feindliche Muster und positioniere dich, bevor Angriffe landen.

Ausweichen vor Bullet Hell Patterns

- **Mikro-Ausweichen** – Anstelle von großen Bewegungen kannst du **kleine, präzise Verschiebungen verwenden,** um dich zwischen den Kugeln zu bewegen.

- **Wegfindung weicht** aus – Suchen Sie nach Kugellücken und planen **Sie im Voraus einen sicheren Weg**.

- **Zirkuläres Ausweichen** – Wenn du dich in einem **langsamen Kreis bewegst,** kannst du Schwärmen feindlicher Projektile ausweichen.

Positionierung für maximale Offensive

- **Bleibe wenn möglich in der Mitte des Bildschirms** – Bietet gleichen Zugang zu allen feindlichen Positionen.

- **Nutze vertikale Bewegungen** – Nicht nur von einer Seite zur anderen; sich entwickelnde Feinde greifen aus mehreren Winkeln an.

- **Eckenstrategie** – In späteren Phasen hilft die kontrollierte Bewegung in den Ecken, feindliche Wellen zu kontrollieren.

8.2 Effektiver Waffeneinsatz und Kombos

Waffentypen und ihre besten Einsatzmöglichkeiten

Jede Waffe hat **Stärken und Schwächen**. Die Kombination der richtigen Ausrüstung **maximiert den Schadensausstoß**.

Waffentyp	Am besten geeignet für	Schwäche
Spread Schuss	Schwarmkontrolle, die weite Bereiche abdeckt	Schwächer gegen einzelne Ziele
Laserstrahl	Durchdringung mehrerer Feinde	Langsames Aufladen, schlecht für Schwärme

Zielsuchende Raketen	Bewegliche Ziele treffen	Schwächerer direkter Schaden
Ladungsschuss	Hoher Burst-Schaden bei Bossen	Erfordert Timing und Ziel
Schnellfeuer	Kontinuierlicher Schaden, gut für den Nahbereich	Verbraucht schnell Energie

Kombinieren von Waffen für maximale Effizienz

- **Streuen + Zielsuchraketen** – Deckt große Gebiete ab und nimmt vorrangige Ziele ins Visier.

- **Ladeschuss + Laser** – Verheerend gegen **Schwachstellen von Bossen.**

- **Schnellfeuer + Schild** – Aggressiver Spielstil, der anhaltenden Schaden aufrechterhält und gleichzeitig Treffer absorbiert.

8.3 Schwächen des Gegners ausnutzen

Schwachstellen ins Visier nehmen

- Einige Feinde haben **leuchtende Kerne – ziele auf diese, um sie schneller zu zerstören.**

- **Bei Bossen mit mehreren Segmenten** muss zuerst **bestimmte Abschnitte anvisiert** werden, um sie zu schwächen.

Feindliche spezifische Exploits

Gegnertyp	Schwäche	Bester Zähler
Gepanzerter Eindringling	Erleidet weniger Schaden von vorne	Angriff von oben oder unten
Eindringling teleportieren	Kann beim Teleportieren nicht getroffen werden	Sagen Sie seine Bewegung voraus und feuern Sie voraus
Explodierende Drohne	Zerstört Gegner in der Nähe beim Tod	Verwenden Sie die Auflösung, um Gruppen zu löschen
Abgeschirmter Wächter	Blockiert Frontalangriffe	Warte auf die Abklingzeit des Schildes oder greife von hinten an

Nutze feindliche Wellen zu deinem Vorteil

- Wenn du zuerst bestimmte Feinde **vernichtest,** kann das die **feindliche Aggression verringern.**

- Einige Feinde **lösen Kettenreaktionen aus** – setze **Explosionen strategisch ein.**

- Das Locken von Feinden in **enge Formationen** macht es einfacher, sie mit einem Zug auszulöschen.

8.4 Speedrunning und Highscore-Optimierung

Speedrun-Taktiken

- **Merken Sie sich feindliche Spawns** – Antizipieren Sie Wellen und feuern Sie vor, bevor sie erscheinen.

- **Optimieren Sie die Bewegung** – Reduzieren Sie unnötiges Ausweichen, um Zeit zu sparen.

- **Setze die richtigen Waffen ein – Ladeschüsse** und **Laserstrahlen** können Wellen sofort beseitigen.

- **Missbrauche Feindmuster** – Einige Feinde **greifen nicht an, wenn du dich richtig positionierst.**

Maximieren Sie Ihre Punktzahl

- **Brechen Sie niemals eine Kombo** – Eine hohe Serie ist für die Rangliste unerlässlich.

- **Konzentriere dich auf Multiplikatoren** – Das schnelle und effiziente Zerstören von Feinden maximiert die Punkte.

- **Setze Power-Ups strategisch ein** – Die Aktivierung des **Hyper-Modus** während der Bosskämpfe bringt die höchste Punktzahl.

- **Zerstöre versteckte Bonusgegner** – Einige Levels haben **geheime Ziele**, die zusätzliche Punkte vergeben.

Kapitel 9: Geheimnisse, freischaltbare Gegenstände und Easter Eggs

9.1 Versteckte Funktionen und Bonusinhalte

Freischaltbare Soundtracks

- Das Spiel enthält **neu gemischte Versionen** der klassischen *Space Invaders-Musik*.

- **Versteckte Strecken** können durch das Abschließen **bestimmter Herausforderungen** freigeschaltet werden.

Grafische Filteroptionen

- Die Spieler können **Retro-Grafikstile freischalten** , die die klassische Arcade-Ästhetik nachahmen.

- Zu den Filtern gehören **der Pixel-Art-Modus, Drahtgitter im Vektorstil und CRT-Scanlines**.

Versteckte Stages und Extra-Missionen

- Einige Levels enthalten **geheime Ausgänge,** die zu **Bonus-Herausforderungsstufen** führen.

- Durch das Abschließen dieser versteckten Stufen werden **zusätzliche Schwierigkeitsstufen und exklusive Belohnungen** freigeschaltet.

9.2 Klassische Space Invaders-Modi freischalten

Klassischer 1978-Modus

- Dieser Modus repliziert das **ursprüngliche Arcade-Erlebnis** mit **authentischer 2D-Grafik und festen Bewegungen.**

- **Wie man freischaltet:** Besiege 500 klassische Eindringlinge im Evolutionsmodus.

Monochrom-Modus

- Eine Schwarz-Weiß-Version von *Space Invaders, die* frühe Arcade-Bildschirme **nachahmt.**

- **Freischaltung: Schließe** ein beliebiges Level nur mit dem **Standardschiff und der Standardwaffe** ab.

Reverse-Modus

- In diesem Modus **steuern die Spieler die Eindringlinge** und greifen einen stationären Verteidigungsturm an.

- **Wie man freischaltet:** Erreichen Sie einen **A-Rang** auf 10 verschiedenen Levels.

9.3 TAITO-Gastschiffe und wie man sie bekommt

Was sind Gastschiffe?

- *Infinity Gene Evolve* enthält **Schiffe aus anderen klassischen TAITO-Spielen**, jedes mit einzigartigen Fähigkeiten.

- Diese Schiffe bieten **alternative Spielstile** im Vergleich zu den Standard-Jägern.

Freischaltbare Gastschiffe und wie man sie bekommt

Schiff	Ursprung des Spiels	Wie man freischaltet
Silberner Falke	*Darius*	Besiege insgesamt 5 Bosse im Evolutionsmodus.
R-Grau 1	*RayStorm*	Schließe einen vollständigen Überlebensmodus ab, ohne zu sterben.

X-Lay	*G-Darius*	Erziele mehr als 1.000.000 Punkte in Score Attack.
Schwarzer Kämpfer aus Metall	*Metall Schwarz*	Zerstöre 500 Gegner mit Ladeschüssen.
Arkanoid Vaus	*Arkanoid*	Schließe eine spezielle, versteckte Stage mit Arkanoid-Paddeln ab.

Vorteile der Nutzung von Gastschiffen

- **Verschiedene Waffenstile** – Einige Schiffe verwenden **zielsuchende Laser, Ladeschüsse oder großflächige Strahlen.**

- **Einzigartige Bewegungsfähigkeiten** – Bestimmte Gastschiffe haben **eine höhere Geschwindigkeit oder defensive Schilde.**

- **Exklusive Erfolge** – Wenn du mit Gastschiffen spielst, schaltest **du zusätzliche Trophäen und Herausforderungen** frei.

9.4 Geheimcodes und Cheats

Freischaltbare Cheats und wie man sie aktiviert

Einige versteckte Codes ermöglichen es, **die Spielmechanik zu modifizieren**, ähnlich wie bei klassischen Arcade-Cheat-Codes.

Cheat-Code	Effekt	So aktivieren Sie
"HYPERLASER"	Schaltet Waffen mit maximaler Kraft frei	Geben Sie als Spielernamen ein
"OLDSCHOOL"	Ermöglicht **den monochromen Retro-Modus**	Drücken Sie nach oben, unten, links, rechts, A auf dem Titelbildschirm
"UNENDLICH"	Gewährt unbegrenztes Leben (nur Übungsmodus)	Halten Sie L1 + R1 gedrückt, während Sie eine Stufe auswählen
"ZEITLUPE"	Aktiviert den Bullet-Time-Modus	Schließe ein beliebiges Level ab, ohne einen Schuss abzugeben
"GASTMODUS"	Schaltet sofort alle Gastschiffe frei	Beende das Spiel einmal im schweren Modus

Entwickler Easter Eggs

- Wenn Sie "TAITO1978" als Namen eingeben, **wird eine geheime Entwicklernachricht aktiviert.**

- Es gibt einen **versteckten Bosskampf,** der nur im letzten Level unter bestimmten Bedingungen **zugänglich ist.**

- Wenn du in einigen Levels **bestimmte Hintergrundobjekte** zerstörst, **kommen klassische Arcade-Sprites** aus *Space Invaders, Arkanoid und Darius zum Vorschein.*

Kapitel 10: Schlussfolgerung und Community-Ressourcen

10.1 Abschließende Gedanken und das Meistern des Spiels

Wichtige Erkenntnisse aus dem Leitfaden

- **Verstehe die Evolutionsmechanik** – Beim Fortschritt in *Infinity Gene Evolve* geht es **nicht nur ums Überleben,** sondern **auch darum, sich** anzupassen, wenn sich das Spiel im Laufe der Zeit verändert.

- **Meistern Sie Ausweichen und Positionieren** – Fortschrittliche Techniken zum Ausweichen von Kugeln wie **Mikroausweichen, Kreisbewegungen und Vorhersage feindlicher Wellen** helfen Ihnen, **länger zu überleben und Punktemultiplikatoren beizubehalten.**

- **Optimiere die Waffenausrüstung** – Jeder **Waffentyp eignet sich für unterschiedliche Szenarien.** Zu lernen **,** **wann man zwischen ihnen wechseln muss** , ist der Schlüssel zur **Maximierung der Effizienz.**

- **Nutze die Schwächen der Feinde** aus – Das Erkennen **von feindlichen Mustern und Schwachstellen** kann selbst die härtesten Bosskämpfe leichter bewältigen.

- **Erkunde und schalte versteckte Funktionen frei** – Von **klassischen Modi und Gastschiffen bis hin zu Easter Eggs** belohnt das Spiel **engagierte Spieler**, die experimentieren und erkunden.

Ein wahrer Meister werden

- **Üben Sie den Angriffs- und Überlebensmodus** – Um in den globalen Bestenlisten zu landen, konzentrieren Sie sich auf **Punktemultiplikatoren, Power-Up-Management und das Auswendiglernen von feindlichen Wellen.**

- **Tausche dich mit der Community** aus – Lerne von **hochkarätigen Spielern** , indem du ihre Runs beobachtest, Strategien diskutierst und an Wettbewerben teilnimmst.

- **Speedrun-Techniken** – Wenn du **das Spiel so schnell wie möglich durchspielen** willst, solltest du **Speedrun-Routen, Spawn-Zeiten von Feinden und Waffenstrategien mit hohem Schaden** studieren.

10.2 Die besten Online-Foren und Discord-Communities

Wenn sie mit der Space Invaders-Community *in Verbindung bleiben*, können die Spieler **Highscores teilen, neue Strategien entdecken und Updates diskutieren**. Im Folgenden finden Sie einige der besten **Foren, Discord-Server und sozialen Plattformen,** um mit anderen Fans in Kontakt zu treten.

Top-Online-Communities

Bahnsteig	Beschreibung	Link/Zugang
Reddit - r/spaceinvad ers	Community zum Diskutieren von *Space Invaders*, Posten von Highscores und Teilen von Tipps.	reddit.com/r/spaceinv aders
TAITO Offizieller Discord	Der offizielle TAITO-Server mit Diskussionen zu *Infinity, Gene Evolve* und anderen Spielen.	Einladung über die Website von TAITO verfügbar.
Shmups Forum	Eine Community für Shoot-'em-up (Shmup)-Fans, mit Diskussionen über *Space Invaders* und ähnliche Spiele.	shmups.system11.org
Twitter & YouTube	Folgen Sie Top-Spielern, Entwicklern und Turnierorganisatoren, um Updates zum Spiel zu erhalten.	Suche **#SpaceInvadersEvolv e**
Steam-Community-Hub	Wenn du auf dem PC spielst, eignet sich dieser Hub hervorragend, um **Mods, Updates und Multiplayer-Diskussionen zu finden**.	Steam-Store-Seite.

Wie Sie das Beste aus diesen Communities herausholen können

- **Poste dein Gameplay** – Teile **deine besten Runs** und **bitte um Feedback** , um dich zu verbessern.

- **Nehmen Sie an Turnieren und Bestenlisten teil** – Messen Sie sich mit **Top-Spielern** , um Ihre Fähigkeiten zu testen.

- **Bleib auf dem Laufenden über Patches und DLCs** – Entwickler **passen manchmal den Schwierigkeitsgrad an und fügen neue Modi hinzu**, daher ist es wichtig, auf dem Laufenden zu bleiben.

- **Diskutieren Sie Strategien und finden Sie Koop-Partner** – Wenn das Spiel **Multiplayer- oder Koop-Funktionen einführt**, sind diese Communitys der beste Ort, um Teamkollegen zu finden.

10.3 Einblicke für Entwickler und zukünftige Updates

TAITOs Vision für Space Invaders Infinity Gene Evolve

TAITO war schon immer an der Spitze der Innovation von **Arcade- und Shoot-'em-up-Lösungen (Shmup).** Mit *Infinity Gene Evolve* wollten die Entwickler ein Spiel schaffen, das **klassische Space Invaders-Mechaniken mit modernem, evolutionsbasiertem Gameplay verbindet.**

Hauptziele der Entwicklung:

- **Nostalgie bewahren** – Die Essenz von *Space Invaders wird beibehalten* und gleichzeitig für ein modernes Publikum weiterentwickelt.

- **Dynamischer Spielfortschritt** – Einführung eines **adaptiven Evolutionssystems**, das die Art und Weise verändert, wie Spieler jeden Durchlauf erleben.

- **Erweiterte Waffen- und Schiffsanpassung** – Ermöglicht es Spielern, **mit Ausrüstungen und Gastschiffen zu experimentieren.**

Kommende Funktionen und spekulierte Updates

Basierend auf **Entwicklerinterviews, Patchnotes und Spielerfeedback** könnten zukünftige Updates Folgendes enthalten:

- **Neue Evolutionsphasen** – Mehr **grafische und Gameplay-Übergänge** im Laufe des Spiels.

- **Zusätzliche Schiffe und Waffen** – Potenzielle Gastkämpfer aus **anderen TAITO-Franchises**.

- **Neue Spielmodi** – Mögliche Ergänzungen wie **ein Roguelike-Modus oder Online-Multiplayer-Herausforderungen**.

- **Besondere Events und zeitlich begrenzte Stages** – Saisonale Events, **Boss-Rushes oder Community-Herausforderungen**.

Um über offizielle Ankündigungen **auf dem Laufenden zu bleiben**, folgen Sie:

- **Die offizielle Website und die sozialen Medien von TAITO**

- **Patchnotes zu Steam oder Konsole**

- **Gaming-Nachrichtenagenturen, die über Arcade & Shmups berichten**

10.4 FAQs und Fehlerbehebung

Häufig gestellte Fragen

F: Wie schalte ich alle Spielmodi frei?

- Die meisten Modi werden durch **natürlichen Fortschritt** oder durch das Erreichen **hoher Ränge** in mehreren Stufen freigeschaltet.

- **Klassischer 1978-Modus:** Besiege **500 klassische Eindringlinge** im Evolutionsmodus.

- **Reverse-Modus:** Erreiche einen **A-Rang** in mindestens **10 verschiedenen Levels**.

F: Was ist die beste Waffe für Highscores?

- **Laser Beam + Homing Missiles** ist eine starke Kombo, mit der **du Feinde schnell beseitigen und Bosse effizient anvisieren kannst**.

- **Charge Shot** eignet sich hervorragend, um **den Schaden zu maximieren und gleichzeitig die Kombo-Multiplikatoren beizubehalten.**

F: Gibt es Cheat-Codes oder versteckte Befehle?

- Ja! Codes wie **"HYPERLASER"** (max. Waffen) oder **"OLDSCHOOL"** (monochromer Modus) können für zusätzlichen Spaß eingegeben werden. Eine vollständige Liste finden Sie in **Kapitel 9.4** .

F: Unterstützt das Spiel Multiplayer oder Koop?

- Ab sofort *ist* Infinity Gene Evolve **nur für den Einzelspielermodus** verfügbar, aber zukünftige Updates **könnten Online-Bestenlisten oder Herausforderungen einführen.**

Fehlerbehebung bei häufigen Problemen

Ausstellen	Lösung
Das Spiel stürzt beim Start ab	Stellen Sie sicher, dass Ihre **Grafiktreiber aktualisiert sind** , und **überprüfen Sie die Spieldateien** (Steam-/Konsoleneinstellungen).
Input Lag oder langsame Reaktion	Versuchen Sie, **die Grafikeinstellungen zu verringern** und den Leistungsmodus **(auf PC/Konsole)** zu aktivieren.

Ein bestimmtes Schiff kann nicht freigeschaltet werden.	Stelle sicher, dass du **die genauen Freischaltanforderungen erfüllst** (z. B. Highscores, Level-Abschluss).
Tonstörungen oder fehlender Ton	Starten Sie das Spiel neu, **überprüfen Sie die Audioeinstellungen** und stellen Sie sicher, dass **Ihre Gerätetreiber auf dem neuesten Stand sind.**
Das Spiel speichert den Fortschritt nicht	Überprüfen Sie, ob Ihr **Cloud-Speicher oder Ihr lokaler Speicher über Speicherplatz verfügt,** und stellen Sie sicher, dass **die automatische Speicherung aktiviert ist.**

Wenn das Problem weiterhin besteht, kann der Besuch **offizieller Foren oder der TAITO-Support-Seite** mit zusätzlichen Fehlerbehebungen helfen.

www.ingramcontent.com/pod-product-compliance
Lightning Source LLC
LaVergne TN
LVHW051537050326
832903LV00033B/4293